UN REGALO PARA

———————————

DE

———————————

Dr. Henry Cloud
& Dr. John Townsend

Qué Hacer Cuando No Sabes Qué Hacer

Dios Hará un Camino

QUÉ HACER CUANDO NO SABES QUÉ HACER
Edición en español publicada por
Editorial Vida – 2005
Miami, Florida

©2005 por Editorial Vida

Originally published in the USA under the title:
What to Do When You Don't Know What to Do
© 2003 by Henry Cloud & John Townsend
Published by Integrity Publishers

Traducción: *Grupo Nivel Uno, Inc.*
Edición: *Madeline Díaz*
Adaptación de diseño interior: *Grupo Nivel Uno, Inc.*
Adaptación de cubierta: *Good Idea Productions, Inc.*

ISBN: 978-0-8297-6524-3

Categoría: Inspiración / Libro de regalo / Devocional

IMPRESO EN ESTADOS UNIDOS DE AMÉRICA
PRINTED IN THE UNITED STATES OF AMERICA

HB 05.18.2023

Contenido

Prólogo

Una de las lecciones más difíciles y a la vez más poderosas que podemos aprender en nuestro peregrinar en la vida es que Dios nos marcará un camino a través de nuestro dolor y pruebas si lo llamamos en nuestro auxilio. Puedes confiar en que él estará presente y activo junto a ti cuando te sucedan cosas desagradables, así como cuando te sientas sencillamente atascado entre tus desalentadoras circunstancias y los sueños y esperanzas de tu vida. Puedes no tener idea de qué hacer, pero Dios sabe con exactitud qué hacer y cuándo. La anécdota, y el testimonio de millones a través de la historia, es simplemente esta: *Dios se muestra todavía de maneras muy poderosas*. Las palabras de la hermosa canción de Don Moen expresan muy bien esta verdad:

Dios trazará un camino

Cuando parezca que no hay ninguno

Él obra de maneras no visibles para nosotros

Hará un camino para mí

Será mi guía

Me sostendrá muy junto a él

Con amor y fuerzas para cada nuevo día

Él hará un camino

Él hará un camino

Dios trazará un camino para ti si le llamas. Pero aquí es donde a veces las cosas se ponen difíciles.

La mayoría de las personas no pueden ver el camino que Dios les traza porque se les hace dificultoso creer que *haya* un camino. No son capaces de ver que existe una vía para salir de sus pruebas particulares o de las tragedias de sus vidas.

Pues bien, hay buenas noticias. Creemos que es posible encontrar tu camino a través de la vida si ejercitas tu fe en Dios siguiendo los ocho principios presentados en este pequeño libro. Del mismo modo en que ejercitas la fe en un médico siguiendo sus prescripciones para ponerte bien físicamente, puedes obtener bienestar emocional y espiritual siguiendo las instrucciones de Dios. Él te está buscando. De modo que únete a nosotros en un excitante viaje mientras vemos los muchos medios a través de los cuales Dios nos ayuda a saber qué hacer cuando no sabemos qué hacer.

Tu fe es

el paso vital

que das

para conectarte con Dios,

el hacedor de caminos.

—〜—

PRINCIPIO

1

Comienza tu viaje con Dios

Suena casi como alguna clase de lema publicitario, pero el pequeño juego de palabras siguiente en verdad lo expresa: «Dios abrirá un camino» empieza con Dios. No es tu creencia la que abre el camino; es Dios quien lo hace. Tu fe es el paso vital que das para conectarte con Dios, el hacedor de caminos. Pero sin Dios, aun toda la fe que te sea posible reunir no te llevará a ninguna parte. De modo que el primer principio para hallar el camino de Dios es comenzar tu viaje con él.

1

La historia bíblica de Abraham es un buen ejemplo. Cuando fue llamado por Dios a dejar su patria, Abraham no tenía idea de hacia dónde sería encaminado. Pero sí creía en que Dios lo sabía, de modo que empacó sus cosas y partió. Abraham no creyó en su propia creencia; creyó en un Dios que sabía exactamente hacia dónde él se dirigía y sería capaz de guiarlo hasta allí.

De modo que cuando hablamos de que tengas fe, confianza y creencia para poder atravesar tus problemas y pruebas, nos referimos a algo bien específico. No hablamos de cálidos sentimientos religiosos o de un ejercicio de pensamiento positivo. La fe se afianza en una relación con Dios, una Persona real, que conoce tu camino y promete guiarte a lo largo de este.

ESTAMOS DISEÑADOS PARA LA DEPENDENCIA

Algunas personas argumentan que depender de Dios es una debilidad, que Dios es un apoyo para quienes no pueden sostenerse por sí mismos. El hecho de que necesites tan desesperadamente al Señor en tu vida no es una debilidad, como tampoco lo es tu necesidad de aire o alimento. Dios nos creó para que lleguemos a alcanzar las cosas que necesitamos yendo más allá de nosotros mismos. Fuimos diseñados para depender de él. La frase «una persona que se hizo a sí misma» es un enorme oxímoron. Nadie se hace a sí mismo. El salmista escribe: «Reconozcan que el Señor es Dios; él nos hizo, y somos suyos. Somos su pueblo, ovejas de su prado» (Salmos 100:3).

En principio, no nos creamos a nosotros mismos, ni tampoco fuimos diseñados para hallar nuestro propio camino en la vida. En lugar de eso, Dios nos diseñó para que dependamos de él. Cuando practicas la fe en Dios, estás haciendo lo único que puedes hacer para realizar hazañas superhumanas: Estás llegando más allá de la fuerza y el conocimiento humanos, y utilizando el infinito conocimiento y la inagotable sabiduría de Dios.

> Los recursos
> de Dios están
> disponibles
> para ti.

DIOS TE BRINDA LO QUE NECESITAS

¿Qué haces en una situación difícil o dolorosa cuando no sabes qué hacer? La triste verdad es que muchas personas hacen una de dos cosas. Primero, repiten lo que antes no funcionó. Se esfuerzan para volver a intentar que funcione alguna relación, para tener éxito en una carrera, o para superar algún problema difícil, patrón o hábito personal. Las personas que siempre están a dieta, por ejemplo, se convencen de que «esta vez sí funcionará». En una relación abusiva, la víctima se reconcilia después de una nueva pelea o separación, pensando que en esta oportunidad su pareja va a cambiar.

Este enfoque es el fiel reflejo de una definición popular de locura: *Hacer lo mismo otra vez pero esperar diferentes resultados.* Si ya has hecho todo lo que sabes hacer y no has tenido éxito, volver a intentarlo con tu limitado conocimiento y tu propia fuerza no es la respuesta.

La segunda respuesta común ante una situación sin esperanza es cesar por completo de intentarlo. Estas personas simplemente se rinden, creyendo que la relación jamás funcionará, que nunca perderán peso, que su depresión no podrá ser superada jamás, etc. Tratar de avanzar a través de la vida apoyado en tu propio poder, conocimiento y recursos limitados, conduce a una pérdida de la esperanza y resulta inútil.

Pero en la economía de Dios, llegar hasta el final de uno mismo es el comienzo de la esperanza. Tal como Jesús dijo: «Dichosos los pobres en espíritu, porque el reino de los cielos les pertenece» (Mateo 5:3). Cuando te das cuenta de que sin Dios eres pobre e indefenso, estás listo para pedirle ayuda. Y en el momento en que lo haces, trasciendes tus propias limitaciones para encontrar tu camino, y los recursos de Dios están disponibles para ti.

No importa contra qué limitación o circunstancia estés luchando, Dios puede darte el poder y los elementos necesarios para ir más allá de lo que creías posible. Él puede hacer que puedas soportar o sobrevivas a un suceso trágico o doloroso, puede ayudarte a lidiar con una relación difícil, e incluso hacer que algún viejo sueño se haga realidad. Dios te abrirá un camino ante cualquier cosa, quizás de alguna manera insospechada. Y él hace sus mejores trabajos cuando tú llegas al final de ti mismo... y lo admites.

TODO LO QUE DIOS NECESITA ES NUESTRO «SÍ»

¿Cómo es que este milagro ocurre? ¿Qué es lo que debemos hacer para ir más allá de nuestras propias capacidades y llegar a utilizar el poder, la sabiduría y los recursos del mismo Dios? Parece demasiado bueno para ser verdad. ¿Es esto solo para personas realmente especiales, buenas y únicas?

La Biblia promete —y millones de personas lo han descubierto— que el poder y los recursos de Dios están disponibles por igual para todos. No pueden ser ganados; solamente pueden ser recibidos como un regalo cuando, con humildad, reconocemos nuestra necesidad del Creador. A lo largo de la Biblia Dios afirma reiteradamente: «Vengan a mí y yo cubriré todas vuestras necesidades».

Él está listo para involucrarse por completo en tu vida. Todo lo que debes hacer es decirle que sí. Cuando lo hagas, él te proporcionará lo que necesitas para hallar tu camino.

Sin embargo, una vez en el camino con Dios, su jornada se presentará a veces verdaderamente milagrosa, y otras implicará un montón de trabajo, crecimiento y cambio de tu parte. Algunas veces no será el camino que creíste necesitar, sino uno diferente y mejor aun. Pero cuando Dios hace un camino, este es auténtico, significativo y perdurable.

No se espera que tu viaje con Dios sea un vuelo a solas. En los capítulos siguientes exploraremos qué opciones de compañeros para tu viaje tiene Dios.

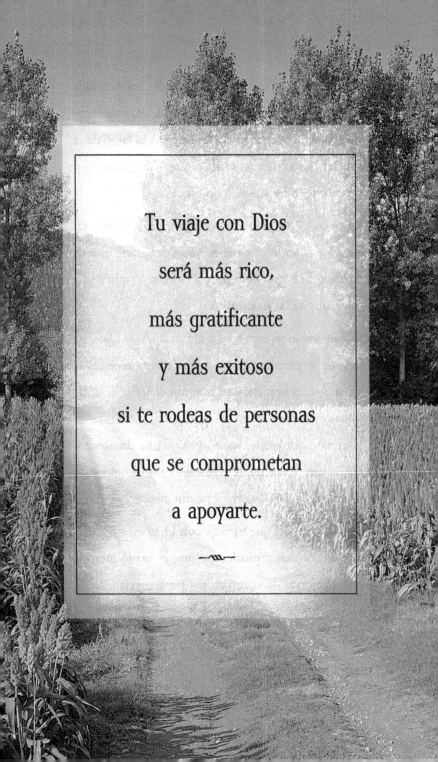

Tu viaje con Dios

será más rico,

más gratificante

y más exitoso

si te rodeas de personas

que se comprometan

a apoyarte.

Elige sabiamente tus compañeros de viaje

Y o (Henry) crecí jugando golf competitivo, y cuando llegué a joven, Jack Nicklaus ya era el rey del deporte. El «oso dorado», como lo llaman, dominó el circuito profesional por cierto número de años. Desde mi posición ventajosa, él estaba tan cerca de ser un dios como era posible para un ser humano.

Pero luego un día mi visión de Nicklaus cambió de forma abrupta. Escuché que viajaría periódica-

9

mente a su hogar en Ohio para ver a su maestro, Jack Grout. El locutor dijo que Nicklaus necesitaba un poco de ayuda con su *swing*. Quedé atónito. *¿Jack Nicklaus, el actual dios del golf profesional, seguía necesitando un maestro? Es el mejor. ¿Para qué necesita un maestro?*, pensé yo. *De todos modos, ¿quién podría enseñarle, dado que no hay ninguno mejor?*

En mi visión infantil de la vida, asumía que si uno era muy bueno en algo, lo último que necesitaba era un maestro. Los maestros eran para la gente que no sabía lo que estaba haciendo. Desde entonces, he aprendido muchísimo. Usualmente, las personas que ascienden hasta convertirse en lo mejor posible en sus deportes o profesiones no llegan solas a la cima. Buscan la ayuda de maestros, consejeros profesionales o asesores espirituales.

Esta historia ilustra nuestro segundo principio para hallar el camino de Dios. *Tu viaje con Dios será más rico, más gratificante y más exitoso si te rodeas de personas que se comprometan a apoyarte, darte ánimo, asistirte y orar por ti.*

Parte del programa de Dios para abrirte un camino es poner buena gente a tu alrededor, dotados para ayudarte a llegar donde necesitas ir. Algunas de estas personas simplemente aparecerán en tu vida, enviadas por Dios en el momento oportuno. A otras deberás buscarlas solo. Algunos serán profesionales. Otros podrán ser un vecino o un amigo de la iglesia. He aquí algunas cualidades y características importantes para buscar en las personas que selecciones como compañeros de tu viaje.

APOYO. Cada vez que estés franqueando un cambio en tu vida, resolviendo un problema o tratando de alcanzar una meta, estarás yendo cuesta arriba. Tal esfuerzo requiere mayor energía que la vida cotidiana, y puede drenar tus fuerzas físicas, emocionales y espirituales con rapidez. En esos momentos, presta atención a las personas que llegan a ti listas a ayudar. Puede haber alguien que telefonee preguntando: «¿Puedo hacer algo por ti?» O quizá alguien llame a tu puerta para ayudarte con alguna tarea.

Otro podrá enviarte un correo electrónico que diga que está orando por ti. Necesitas a tu alrededor gente que de un modo u otro te ayude a soportar la carga.

AMOR. La Biblia dice: «Sobre todo, ámense los unos a los otros profundamente, porque el amor cubre multitud de pecados» (1 Pedro 4:8). No importa lo que te haya sucedido, lo que hayas hecho, o lo que debas hacer, necesitas la red de seguridad del amor. Necesitas que en tu equipo haya personas que te amen profundamente tal como eres, incluidas tus faltas. El amor ayuda a suavizar la vida, hace que te sea posible hacer lo que debas hacer.

CORAJE. No puedes andar por el camino de Dios sin encontrar riesgo y peligro. Algunas veces la tarea parece demasiado intimidante como para enfrentarla. Hay seguridad en los números, de modo que contar con un equipo de apoyo bien cercano te dará coraje. Pero necesitas también personas allegadas que te digan lo que Pablo dijo a sus amigos que se hallaban ante un gran peligro: «Así que ¡ánimo, señores! Confío en Dios que sucederá tal y como se me dijo» (Hechos 27:25).

INTERCAMBIO DE OPINIONES. Necesitas que la gente te brinde una opinión honesta si esperas saber dónde estás yendo en la vida. Nos referimos a personas que no tengan miedo de corregirte cuando te equivoques. El sabio rey Salomón escribió: «Como anillo o collar de oro fino son los regaños del sabio en oídos atentos» (Proverbios 25:12).

SABIDURÍA. No cuentas con toda la sabiduría ni el conocimiento que te son necesarios para andar por la vida. Dios ha depositado parte de ellos en otras personas. Mantén abiertos tus ojos a las personas sabias a través de las cuales Dios te hablará y te dirigirá.

EXPERIENCIA. Es sumamente valioso y útil contar entre los miembros de tu equipo con alguien que haya estado donde tú estás, que comprenda lo que estás atravesando. En tiempos de tribulaciones o de crecimiento, busca la experiencia de quienes hayan recorrido esos caminos antes que tú.

MODELO. No es fácil hacer aquello que jamás hemos visto hacer a nadie. Uno de los más grandes regalos que Dios nos da para el viaje son las personas que nos pueden servir como modelos para imitar. Como se expresa en Hebreos: «No sean perezosos; más bien, imiten a quienes por su fe y paciencia heredan las promesas» (Hebreos 6:12). Estudia y aprende de las personas que están haciendo lo que tú deseas hacer.

VALORES. Tu sistema de valores te guiará mientras recorres la senda de Dios. Pero los valores personales no son creados en un vacío; se forman en un contexto de comunidad. El escritor de Hebreos dice: «No dejemos de congregarnos, como acostumbran hacerlo algunos, sino animémonos unos a otros, y con mayor razón ahora que vemos que aquel día se acerca» (10:25). Aprendemos nuevos valores de los demás, y ellos nos animan a exteriorizar los nuestros. Mantente cerca de quienes comparten tus valores.

RESPONSABILIDAD. Los automóviles y los aviones tienen indicadores que reportan constantemente el estado del motor y alertan de cualquier falla. Las empresas son auditadas de forma periódica para informar a los miembros de su directorio acerca de correcciones necesarias ocasionales. De igual manera, necesitas aprobar una rendición de cuentas ante terceros, quienes van a monitorear tu progreso y te mantendrán en tu carril. Necesitas que en tu equipo haya personas con suficiente interés como para formular las preguntas difíciles: ¿Cómo anda tu fe? ¿En qué estás fallando? ¿Qué clase de ayuda necesitas?

Así describe Salomón a un equipo sostenedor:

Más valen dos que uno, porque obtienen más fruto de su esfuerzo. Si caen, el uno levanta al otro. ¡Ay del que cae y no tiene quien lo levante! Si dos se acuestan juntos, entrarán en calor; uno solo ¿cómo va a calentarse? Uno solo puede ser vencido, pero dos pueden resistir. ¡La cuerda de tres hilos no se rompe fácilmente! (ECLESIASTÉS 4:9-12)

¿Quién integra tu «cuerda de tres hilos»? En tu vida, ¿quiénes son las personas que están allí para ti, que te sacan adelante, las que no temen decirte la verdad? ¿Quiénes de entre tus amigos están dispuestos a reconfortarte cuando te desanimas, te muestran más acerca de Dios de lo que hasta ahora sabes, y te paran en seco cuando vas derecho hacia un problema? ¿Con quién cuentas para guiarte cuando no sabes qué hacer, quién llora cuando pierdes y celebra contigo cuando ganas?

A tu alrededor existen dos clases de personas: los que están creciendo en lo personal y los que no están yendo a ninguna parte y se hallan estancados. Recibe como compañeros de viaje a aquellos que persiguen a Dios y a su camino para ellos, porque crecen constantemente. Ellos te ayudarán a mantenerte en el camino que Dios te ha trazado. No confíes tu corazón a quienes se hallan estancados o van hacia atrás. Pueden matar tus sueños o apartarte de la senda de Dios.

Puede ser que ya existan en tu vida una o dos personas que satisfagan tu necesidad de apoyo.

Si es así, agradece el ministerio de ellos hacia ti. Explícales también que los necesitas para dar los próximos pasos en tu viaje. Pregúntales si estarán disponibles para proporcionar responsabilidad, intercambio de opiniones y sostén. Es probable que se sientan honrados y valorados cuando les preguntes.

Si careces de amigos sostenedores, comienza a buscar algunos. Quizá desees empezar por unirte a un sistema de apoyo ya estructurado, tal como un grupo de estudios bíblicos. Comparte con estas personas tus luchas y sueños, y solicítales sus oraciones y su contribución. Te sorprenderá la manera en que un afectuoso grupo de apoyo será de ayuda en tu viaje.

La desesperación

es reemplazada

con la esperanza,

y volvemos nuevamente

al carril.

—◊—

Da gran valor
a la sabiduría

Cuando nos hallamos desesperados, una clave para salir de esa desesperación es encontrar las piezas de sabiduría faltantes que nos serán de ayuda para rearmar nuestra vida. En muchas ocasiones nos vemos desesperados porque carecemos de la información vital acerca de nuestro estado y su cura. Cuando comenzamos a descubrir y aplicar estas ideas fundamentales a nuestras vidas, nuestra actitud cambia. La desesperación es reemplazada con la esperanza, y volvemos nuevamente al carril.

> Dios
> te ha puesto
> en un universo
> de orden.

De modo que nuestro tercer principio para descubrir los caminos de Dios a través de tus dificultades y desafíos es este:

Reconoce la necesidad y el valor de las piezas de sabiduría faltantes en tu vida; luego pídele a Dios que te las muestre y te ayude a ir por ellas en enérgica búsqueda. Existe información disponible que marcará la diferencia entre la manera de ver tu situación y el modo en que podrías cambiarla. Disponte a encontrar esta información, y continúa buscando hasta hallarla. Quizá este paso no te parezca muy espiritual, pero se trata de algo que Dios te ha dado para hacer. Mientras tanto, el Señor hará lo que solo él puede hacer para unir las piezas de tu rompecabezas.

UNA PALABRA AL SABIO

En Proverbios, Dios dice que la sabiduría produce esperanza: «Así de dulce sea la sabiduría a tu alma; si das con ella, tendrás buen futuro; tendrás una esperanza que no será destruida» (24:14).

Cuando te sientes desesperanzado, esto suele acompañarse con una sensación de no saber qué hacer, o de sentir que no hay nada que se pueda hacer en dicha situación. En realidad, Dios *hará* un camino. Solo que en ese momento no lo ves. A medida que aprendes más sobre la situación que estás atravesando y aplicas allí lo que has aprendido, estarás ejercitando la sabiduría.

LA SABIDURÍA PROVIENE DE DIOS

En tu búsqueda de la sabiduría, el primer lugar en el que debes mirar es el mismo Dios. Cuando estás en problemas o no sabes qué hacer en alguna situación, la Biblia da instrucciones para que roguemos al Señor por la sabiduría necesaria. Santiago escribe:

> *Considérense muy dichosos cuando tengan que enfrentarse con diversas pruebas, pues ya saben que la prueba de su fe produce constancia. Y la*

constancia debe llevar a feliz término la obra,
para que sean perfectos e íntegros, sin que les
falte nada. Si a alguno de ustedes le falta sabi-
duría, pídasela a Dios, y él se la dará, pues Dios
da a todos generosamente sin menospreciar a
nadie. (1:2-5)

Aunque no sepas qué hacer, Dios sí lo sabe. Lo único que tienes que hacer es pedirle las respuestas, y él te las dará. Pedirle a Dios es tu primer paso para obtener sabiduría.

DIOS UTILIZA A OTROS

Puedes hallarte en una situación que no sabes de qué manera manejar. La buena noticia es que existe alguien allí fuera que *sí* sabe cómo lidiar con ella, alguien con el conocimiento y la experiencia apropiados. Una vez que has pedido sabiduría a Dios, tu próxima tarea es hallar a ese alguien. Con la ayuda de Dios, y quizás cierta búsqueda diligente de tu parte, encontrarás el recurso que necesitas. Siempre que yo (Henry) estoy lidiando con una situación financiera difícil, telefoneo a cierto amigo mío. Él tiene mucha sabiduría en esa área, y me apoyo mucho en sus buenos consejos. Existen otras personas a las que recurro en otros casos.

Eres sabio para buscar gente con conocimiento, aptitud y experiencia en lo que tú careces. ¿Estás luchando con un adolescente rebelde? Encuentra a alguien en tu comunidad religiosa que pueda ofrecerte un buen consejo o referirte a algún buen asesor para consejería. ¿Estás deprimido por la pérdida de un ser querido? Busca a alguien que haya pasado por las etapas del duelo y pueda ayudarte a transitarlo. Cualquiera sea tu desafío, ya otros han estado allí y lograron atravesarlo. Mantente preguntando por ahí hasta que los encuentres.

BUSCA SABIDURÍA ESTRUCTURADA

Algunas veces la situación que enfrentamos requiere más que un simple llamado telefónico a los amigos en búsqueda del consejo de quienes han pasado por eso. Necesitamos fuentes de sabiduría más profesionales. Por ejemplo, una persona que sufre una depresión clínica necesita tratamiento psicológico. Alguien que no logra salir de una adicción necesita especialistas en el tema. Eres lo suficientemente sabio como para explorar todas las rutas de ayuda profesional ya constituidas para el área de tu dificultad.

Y existe un gran número de servicios y programas si sabes dónde buscar. Hay programas para duelo, abuso de sustancias, recuperarse de un divorcio, grupos para parejas, asesores para solucionar deudas, escritura de currículos, entrenadores para entrevistas de trabajo, etc. Es probable que exista una organización de ayuda ya lista para ti. Solo debes encontrarla.

Hay personas que usan el costo como excusa para no aprovechar la ayuda profesional estructurada. En efecto, puede haber una carga financiera que asumir al recurrir a ella. Pero abundan los programas sin cargo, y suele haber disponible ayuda financiera del gobierno u otros organismos. Parte del viaje es lograr descubrir todas tus posibilidades.

De modo que te instamos a buscar —de modo activo y tenaz— la sabiduría que necesitas en la infinidad de recursos disponibles. Aquí va una muestra de lugares donde comenzar a buscar:

- Profesionales en el área de tu necesidad
- Grupos de autoayuda
- Pastores
- Iglesias que cuenten con programas apropiados para cada necesidad
- Institutos comunitarios
- Seminarios
- Libros, material de audio y video
- Talleres
- Retiros

Una advertencia: Asegúrate de que los recursos que descubras sean auténticos. No creas en todos los «expertos». Examina sus antecedentes. Consigue referencias de gente que conozcas y en quienes confíes, como tus amigos, tu grupo de apoyo, tu médico, tu pastor u otras autoridades establecidas.

EL ORDEN DE LAS COSAS

Dios te ha puesto en un universo de orden. Los principios que él estableció rigen las relaciones, el trabajo, la manera en que te sientes y todas esas cosas. Las cosas funcionan o no debido a las leyes de Dios que fueron establecidas en la creación. En Proverbios dice: «Con sabiduría afirmó el Señor la tierra, con inteligencia estableció los cielos. Por su conocimiento se separaron las aguas, y las nubes dejaron caer su rocío». (Proverbios 3:19-20).

Dios hará un camino. Sin embargo, él creó la vida para que funcione de una manera establecida, y eso determina parte de ese camino. Tu tarea consiste en hallar la senda de Dios al encontrar la sabiduría que se aplica a tu situación. Puedes confiar en sus formas de obrar y abrir sendas para ti. De modo que pídele que te revele su sabiduría y su camino, luego persíguelos con todas tus fuerzas y aplícalos de corazón.

Deja atrás
tu equipaje

¿**N**o detestas arrastrar una carga de equipaje a través de un aeropuerto? ¿Cómo te sentirías sumando un par de maletas, mochilas y bolsos autotransportables a dondequiera que vayas? ¡Qué tortura! Y seguramente no irías muy rápido ni llegarías demasiado lejos.

De igual manera, en el viaje a lo largo del camino de Dios, no llegarás muy rápido ni demasiado lejos si estás cargando un montón de equipaje emocional. *Nuestro cuarto principio para encontrar el camino de Dios hacia el éxito en tu vida es dejar atrás tu equipaje.* Mientras mayor sea la cantidad de basura de tu pasado de la que te deshagas, más fácil te será navegar hacia el futuro.

¿A qué clase de equipaje nos referimos? Déjame (Henry) responder presentando un concepto que llamamos *acabado.*

De vez en cuando todos experimentamos dificultades, situaciones y relaciones dolorosas. Por ejemplo, alguien te hiere física o emocionalmente, tus padres se separan o tu cónyuge se divorcia de ti, cometes un serio error que lastima a otro, pierdes a un ser querido en algún accidente. De forma ideal, estos sucesos dolorosos se resuelven con el tiempo. Son confesadas las ofensas, perdonados los ofensores, resueltos los conflictos y terminados los incidentes. Ya no tenemos que acarrear más esos pesados temores y sentimientos.

Sin embargo, muchas veces nuestras heridas no se resuelven como debieran. En lugar de ser tratado, el dolor se instala. No se perdona a los ofensores, no se enfrentan los miedos, no se resuelven los conflictos. En otras palabras, no se produce el acabado apropiado. En consecuencia, cargamos sobre nosotros sentimientos y patrones de comportamiento del pasado que impactan en nuestras relaciones y actividades del presente, a menudo de manera negativa. Eso es equipaje, y el mismo no desaparecerá hasta que lo tratemos o acabemos con él.

PAUTAS PARA ACABAR CON EL PASADO

Dios nos ha diseñado para procesar el dolor y los disgustos cuando ocurren en nuestras vidas. La mayoría de nosotros no supimos esto cuando niños; de modo que hemos acarreado hasta la madurez maletas llenas de asuntos sin resolver. Más aun, parte de tu equipaje está directamente relacionado con los problemas por los cuales estás buscando el camino, la ayuda o la sanidad de Dios.

Dios te abrirá un camino, y parte de él involucra la ayuda para deshacerte del equipaje de tu vida. He aquí algunas pautas prácticas para ayudarte a acabar de una vez y para siempre con lo que ha quedado sin terminar.

I. Reconoce que has tenido un pasado doloroso.

Yo (Henry) he visto personas superar toda clase de sufrimientos de su pasado con la ayuda de Dios; de modo que sé que tú puedes. Pero no superarás nada hasta que admitas que tal cosa existe.

Mientras no puedas reconocer que te han ocurrido cosas dolorosas —cosas que no has acabado apropiadamente— no puedes trabajarlas y abrirte camino a través de ellas. Y si no las trabajas, continuarán perturbándote en el presente. De modo que el primer paso para lidiar con el equipaje es confesar ante ti mismo y ante Dios que tienes asuntos que deben ser tratados.

2. Incluye a otros en tu aflicción y sanidad.

El próximo paso es buscar en otros el cuidado y la sanidad que necesitas para acabar con cualquier asunto del pasado. Comienza por mostrar a los demás los sentimientos relacionados con las cosas del pasado, así ellos podrán consolarte, orar por ti y darte ánimo. Al desahogar tu dolor en los que te aman, abres la puerta a la cura y el apoyo que necesitas.

El proceso de Dios para sanar nuestro dolor, heridas y pérdidas involucra aflicción. Salomón escribió: «Vale más llorar que reír; pues entristece el rostro, pero le hace bien al corazón» (Eclesiastés 7:3). No sientas vergüenza si las lágrimas fluyen durante el proceso de sanidad. La Biblia nos dice: «Alégrense con los que están alegres; lloren con los que lloran» (Romanos 12:15). Tus lágrimas, y las lágrimas de compasión de los que te aman, te ayudarán a liberarte de tu equipaje.

3. Recibe el perdón.

El dolor que arrastramos a nuevas situaciones proviene a menudo de un fracaso del pasado. En orden de deshacerte de tu equipaje, necesitas estar libre de la culpa y la vergüenza por los errores, fraca-

> **El perdón consiste en resolver el pasado.**

sos y pecados del pasado. Una vez que sabes que eres por completo aceptado, perdonado y amado, puedes abordar la vida con deleite. El verdadero amor y perdón proviene de Dios. Él te promete perdón absoluto sobre cualquier cosa y todo lo que alguna vez pudieses haber hecho, sin importar lo malo que pienses que fue. La Biblia promete: «Tan grande es su amor por los que le temen como alto es el cielo sobre la tierra. Tan lejos de nosotros echó nuestras transgresiones como lejos del oriente está el occidente» (Salmo 103:11-12).

De modo que si te sientes mal con relación a algo que has hecho en el pasado, pídele a Dios que aleje esto de ti. Su gracia y perdón están siempre disponibles, listos para darte otra oportunidad cuando así lo solicites.

Puede que tus errores y fracasos pasados te hayan hecho sentir alienado de algunas personas, incluso de Dios. Y quizá tus palabras hirientes o acciones dañinas te hayan hecho ganar algunos enemigos. Si es así, el camino de Dios para ti es ir ante esas personas y hacer lo correcto. Confesar con humildad tu error y recibir el perdón de aquellos que has herido es un paso vital para dejar atrás tu equipaje.

4. Perdona a otros.

Parte del equipaje que cargas es el resultado de haber sido herido por otros. Puedes haber sido víctima de falta de amor y aceptación de parte de tus padres. O quizás fuiste traicionado por tu esposa, abandonado por algún amigo, deshonrado por un hijo o engañado por un guía espiritual. En cierta forma fuiste agraviado, y aún cargas con dolor, enojo y hasta odio quizás por tal ofensa.

Si vas a dejar atrás tu equipaje, debes perdonar a todos los que te han herido. Toma tu ejemplo de Dios, que ha perdonado tus pecados. Si no perdonas, tu resentimiento continuará carcomiendo tu corazón e impidiéndote alcanzar la libertad que buscas en el camino de Dios.

Tu perdón hacia otros no significa negar que alguien te ha herido, ni tampoco que debas volver a confiar en esa persona. El futuro de esa relación depende de varios factores. Pero el perdón consiste en resolver el pasado. Reside en esclarecer y resolver lo que haya sucedido. Se trata de cancelar lo que alguien te debe. Ese es el significado de perdonar. Estás diciendo que el ofensor ya no te debe nada, que lo estás liberando de todo cargo, sentencia y retribución.

De modo que deja atrás el equipaje de heridas pasadas. El perdón es tu billete de libertad para seguir adelante en tu vida.

5. Examina tus habitos.

Otro aspecto de tu equipaje está relacionado con los patrones de comportamiento que aprendimos en situaciones dolorosas pasadas.

Puedes ser que hayas adquirido patrones disfuncionales para lidiar con la vida, las relaciones, el riesgo y el amor, y que esos patrones estén causándote problemas ahora, impidiéndote ver lo que

Dios tiene deparado para ti. Analiza bien la manera en que vives. Si tienes problemas en permitir a los demás acercarse a ti, examina este patrón para ver de qué modo te limita en tus relaciones. Si tiendes a rehuir el conflicto, examina esa conducta a fin de ver cómo en realidad estás prolongándolo. Si has aprendido a evitar todo riesgo en un intento por controlar tu entorno, date cuenta del modo en que este hábito te ha aprisionado.

Los patrones de comportamiento de tu pasado pueden estar arruinando tu vida actual. Analiza cuáles de los modos en que acostumbras a tratar con las personas y los problemas pueden estar manteniéndote atrapado en el pasado. Deja que Dios, a través de su ayuda para que puedas abandonar los patrones del pasado, trace para ti un camino hacia un futuro mejor.

6. MÍRATE A TRAVÉS DE NUEVOS OJOS.

Otra clase de equipaje que acarreamos es la visión distorsionada de nosotros mismos, adquirida en relaciones o situaciones pasadas. Nos vemos a través de las personas que nos aman y a veces a través de quienes no. El concepto que tenemos de nosotros mismos es una visión relacional. Tendemos a mirarnos a través de la mirada de otros que son importantes para nosotros. Esta es la razón por la que algunas personas de pronto florecen en nuevas relaciones en las cuales son valoradas como creaciones de Dios. Y es también la razón de que muchos lleguen a involucrarse en relaciones en las que son maltratados y desvalorizados.

¿De qué modo te ves a ti mismo? ¿Es realista esa visión tuya? ¿Se haya balanceada entre áreas de fortalezas y valores, así como de debilidades y de crecimiento? ¿Te ves a ti mismo como un ser amado?

Si vas a avanzar en tu vida y encontrar el camino que Dios tiene para ti, debes comenzar a verte de manera realista a través de los ojos de aquellos que te aman de verdad. Comienza por una mirada a ti mismo a través de los ojos de Dios, porque él te ama de manera incondicional y te valora muchísimo. A esto agrégale la imagen que recibes de tus relaciones más estimadas y confiables, aquellos que te aman como lo hace Dios. Este *nuevo tú* comenzará a reemplazar la imagen distorsionada que te ha causado tanto pesar.

DEJA EL PASADO EN EL PASADO

En la Biblia, cuando Dios rescata a Lot y su esposa de la maldad de Sodoma y Gomorra, advierte sobre mirar atrás. Pero la esposa de Lot no fue capaz de dejar tras de sí a las personas y las cosas de su pasado. Ella miró atrás y se convirtió en una estatua de sal (véase Génesis 19:17-26). Jesús la usó como ejemplo para enseñarnos a dejar ir las cosas que nos dañan y nos alejan de él. Dijo: «¡Acuérdense de la esposa de Lot!» (Lucas 17:32).

Retener el equipaje del pasado te incapacitará para tu camino con Dios. Su salida es liberarte de las heridas, de la falta de perdón y de los patrones disfuncionales de tu pasado. Pídele que te muestre cómo dejar tu equipaje atrás.

Dios

está allí contigo,

facultándote para hacer

aquello que cumple

con sus objetivos.

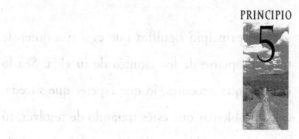

Confiesa tus faltas y debilidades

Todos jugamos el juego de la culpa. Heredamos esta falta de Adán, el cual apuntó su dedo hacia Eva echándole la culpa, quien a su vez culpó al demonio (véase Génesis 3:11-13). Quizá tus ansias de eludir la culpa también hayan causado algunos problemas en tu vida y en tus relaciones. *Nuestro quinto principio para encontrar el camino de Dios es que asumas la responsabilidad por tu vida, confieses tus faltas y aceptes la culpa cuando se justifique.*

Este principio significa que es a ti a quien le toca apropiarse de los asuntos de tu vida. Sea lo que sea que necesites, lo que esperes que suceda, o los problemas que estés tratando de resolver, tú eres el responsable de ello. Necesitas ponerte a la altura de las circunstancias y hacerte cargo. Es tu tarea pedirle a Dios que te abra un camino donde lo necesites. Es tarea tuya hacer lo que él te dé para hacer. Y también lo es aceptar la responsabilidad por tus faltas.

El apóstol Pablo escribe: «Lleven a cabo su salvación con temor y temblor, pues Dios es quien produce en ustedes tanto el querer como el hacer para que se cumpla su buena voluntad» (Filipenses 2:12b-13). Ahora que el Señor te ha salvado, es tu responsabilidad vivir una vida que sea un reflejo de Dios y sus principios. Pero fíjate que no estás solo en tus esfuerzos. Dios está allí contigo, facultándote para hacer aquello que cumple con sus objetivos. Y es esta asociación —hacer tú tu parte y Dios la suya— lo que te ayudará a descubrir el camino que el Señor tiene para ti.

CUANDO LA FALTA NO ES TUYA

Algunos de los problemas que enfrentamos no son producto de nuestros actos; somos los espectadores inocentes atrapados en el fuego cruzado. Un hombre trabajador y competente es despedido de su trabajo porque la economía se pone difícil. Una esposa devota soporta una vida miserable porque su marido es un holgazán controlador. Desdichadamente, esta es una de las trágicas realidades de vivir en un mundo caído. Aun quienes viven con responsabilidad resultan heridos.

Algunas veces nos toca asumir responsabilidades por situaciones que no son culpa nuestra. El hombre despedido injustamente puede quejarse y reclamar que el mundo le debe un empleo. Mas lo que tiene que hacer es asumir la situación y salir a buscar otro trabajo. La esposa infeliz puede creer que está justificado que desperdicie su vida. Pero esto no la hará más feliz. Debe asumir la responsabilidad de su situación y buscar consejería para matrimonios, sea que su marido la acompañe o no.

> El camino
> que él nos
> traza
> no es nuestro
> sino suyo.

Determinar quién está en falta en tu situación es casi tan importante como determinar quién hará algo al respecto. Y el último «quién» eres tú. No importa si los problemas son completamente culpa tuya, si tienes algo de culpa o si no tienes nada. Lo que importa es apropiarse de ellos a través de la sabiduría y el poder de Dios para hacer algo al respecto. Cuando hagas esto, Dios te abrirá un camino.

EL MODO DE HACERSE CARGO

La otra cara de asignar la culpa es asumir la responsabilidad por ella. Cuando nos hacemos responsables de lo que pasa en nuestras vidas se nos autoriza a hacer cambios. Enfrentar los hechos nos deja libres para hacer una determinada cosa, planificar, abordar situaciones hirientes y reparar lo necesario. Quienes asumen la responsabilidad de sus vidas son personas activas con iniciativa real.

Hacernos cargo de nuestra vida también nos proporciona libertad. Dejas de ser esclavo del pasado, de las falsas expectativas, de desear que otro cambie, y de tener pasividad y desánimo. Te encuentras libre de asumir riesgos y probar algunas soluciones posibles.

He aquí un número de áreas en las cuales puedes asumir la responsabilidad en tu vida. A medida que trabajas con Dios en hacerte cargo, encontrarás su salida de tu difícil situación.

- TU PROPIA FELICIDAD. Pídele a Dios que te ayude a asumir la responsabilidad de cualquier molestia o dolor que estés experimentando. Luego pídele que te ayude a encontrar alivio.

- TEMAS ESPECÍFICOS. ¿Se trata del alejamiento de una relación, una jornada de fe, un tema laboral o un hábito que no cesa?

- RECURSOS NECESARIOS. Debes llevar la delantera en el camino para desenterrar los recursos que necesitas en la resolución de tu problema. Reúne toda la ayuda, apoyo, consuelo y consejo que puedas hallar. Busca hasta encontrar gente que tenga respuestas y aliento.

- DEBILIDADES Y OBSTÁCULOS. Identifica las áreas en las que no cuentas con la fuerza necesaria como para enfrentar el desafío, y luego comienza a desarrollarlas.

- RESPONSABILIDAD. Ponte bajo la dirección de algunas personas para que te ayuden a mantenerte en la tarea proyectada de resolver una relación o un tema en particular, de perder peso, de hallar una carrera, etc.

- EQUIPO DE APOYO. Busca amigos que estén llenos de compasión y consuelo pero que no te permitirían esquivar tu responsabilidad de dar el paso siguiente para resolver tu asunto.

- DE DÍA EN DÍA. Aborda los asuntos de hoy en lugar de obsesionarte con el ayer o ansiar que mañana te rescaten. Las personas que se hacen cargo de sus vidas saben cómo vivir en el presente porque eso es todo lo tienen para dedicarse.

LAS BENDICIONES DE HACERSE CARGO

Rob y Sharon son un buen ejemplo de lo que sucede cuando uno asume la responsabilidad de su propia vida. Cuando Sharon vino a mí (John) para decirme que Rob la había dejado, se hallaba conmocionada. No tenía idea de qué era lo próximo que debía hacer o qué giro dar. ¿Debía telefonear a Rob y pedirle la reconciliación? ¿Debía buscar un abogado? ¿Qué les diría a sus hijos? Traté de consolarla y oré con ella, pero en ese momento no le ofrecí ningún consuelo.

En su desesperación, Sharon realizó la llamada correcta. Buscó al Dios que tanto amaba y en quien confiaba, al que necesitaba más que nunca. Sharon oró y simplemente pidió ayuda a Dios. No ocurrió nada enseguida. Pero ella continuó orando y confiando y atendiendo a la dirección de Dios. Era como si Dios estuviese dándole tiempo para permitir que ella hiciera profundamente suya su plegaria y los deseos de su corazón.

A los pocos días, algo empezó a suceder. Sharon sintió algo agitándose en su corazón. Tal como me lo explicara más tarde, sus sentimientos hacia Rob comenzaron a cambiar. En lugar de sentirse desilusionada y herida por haber sido abandonada por su marido, sintió algo del dolor que ella le había causado a él. Recordó conversaciones con Rob que ella había citado con anterioridad como ejemplos del fracaso de su esposo. Ahora se acordaba del modo en que ella lo había culpado injustamente pasando por alto su propia parte en el problema.

Se acordó de una noche en que Rob se hallaba luchando bajo el peso del estrés provocado por su trabajo. En un extraño momento de vulnerabilidad, él le había pedido que sencillamente lo abrazara por unos instantes antes de retirarse a dormir. Sharon estaba tan enojada con él que le dijo: «Quizás si manejaras mejor tu trabajo no necesitarías que te mimaran como a un chiquillo». Luego le dio la espalda y se fue a dormir.

Dios continuó obrando en el corazón de Sharon por varios días. Ella se sentía desolada de lo que descubría. No podía creer lo hiriente que había sido. Al mismo tiempo iba obteniendo un sentimiento de aprecio y amor más profundo hacia Rob. A medida que asumía su parte en los problemas, parecía que podía ver de manera más clara las cualidades positivas de él... esos elementos de su carácter que al principio la habían acercado a su esposo.

Entonces Sharon hizo lo que debía. Sintió que tenía que hacer lo correcto con relación a ellos. De modo que lo llamó y se encontraron. Le contó lo que le había sucedido y la manera en que Dios estaba obrando en su corazón. Luego se disculpó sinceramente por los muchos años de amontonar culpas sobre él, eludiendo las propias. Fue la conversación más difícil que jamás había tenido en su vida.

Rob estaba atónito. Había venido preparado para recibir más enojo y acusaciones de culpa. Cuando se dio cuenta de que Sharon estaba con sinceridad en actitud penitente, comenzó a abrirle su corazón a ella. Continuaron conversando y pusieron las cosas en claro. A los pocos días, Rob volvió a su hogar.

Pero el final feliz no acaba allí. Dios llevó a Sharon a otro nivel de responsabilidad. Habiéndose hecho cargo del dolor causado a Rob, comenzó a hacerse responsable por los patrones en su vida que habían causado el dolor de él. Se hizo cargo de su desorganización, egocentrismo, de sus expectativas no realistas proyectadas sobre Rob y de su actitud recelosa. Al hacerlo, Dios le trazó un camino ablandando su corazón y haciéndola madurar en estas áreas.

Rob quedó tan impresionado con el cambio de Sharon que comenzó a hacerse cargo de sus propias acciones y reacciones. Comenzó a sincerarse con ella, en lugar de retirarse y aislarse. Le habló de sus problemas y se disculpó por haberla abandonado. Hoy en día se alegran de que a través de la desesperación de su culpa y su separación, Dios abrió un camino para ellos.

El Señor podría haber enviado un ángel a Sharon a decirle exactamente qué debía hacer, pero no ocurrió así. En lugar de eso, ablandó y sanó los corazones de ambos durante cierto período de tiempo. Esto sirve para recordarnos que no podemos predecir cuál será el camino de Dios. Su plan y propósito para nosotros no puede reducirse a una fórmula. El camino que él nos traza no es nuestro sino suyo. Es nuestra función buscarlo, ponernos al frente de nuestras propias circunstancias y confiar en que hará aquello que solo él puede hacer.

Abraza los problemas
como si fuesen regalos

Los problemas y las crisis son una parte de
la vida. Algunas personas chocan contra un
problema y caen muertos en su camino. Y
allí permanecen, perplejos, desconcertados, tratando de soportarlo. Todo lo que desean es librarse
del problema lo más pronto posible. Hay otros
que encuentran algo muy útil en las dificultades.
Preguntan: «¿Qué puedo aprender de esta experiencia? ¿Qué desea Dios cambiar en mí?» *Este es
nuestro sexto principio para encontrar la senda de*

Dios en tu vida: Recibe tus problemas como si fuesen regalos de Dios, como ayuda para convertirte en una mejor persona.

Ya sea que el problema tenga relación con una carrera, las relaciones, la salud, las emociones o las pérdidas, todos nosotros tendemos a enfocar nuestras energías en apagar el fuego y asegurarnos de que no vuelva a reencenderse pronto. Puede ser un dolor recurrente en el pecho, ante el cuál te limitas a ansiar que desaparezca. Puede tratarse de una desconexión en tu matrimonio con la cuál te las arreglas. Puede ser un problema alimentario por el cuál vas probando varias medicaciones y planes. Es un problema, es doloroso, y deseamos que se vaya. De modo que es en eso en lo que nos concentramos.

Ahora bien, no hay nada de malo en tratar de resolver el problema y aliviar el dolor. Yo (John) tengo un amigo, Gary, que perdió abruptamente su empleo y trabajó con diligencia para hallar otro. Pero la salida de su problema no fue su primera preocupación. En lugar de eso, se interesó antes en ver la perspectiva de Dios acerca de ese problema y trató de encontrar su camino a través de ello.

Son importantes las palabras «a través». Dios ve nuestras dificultades de manera muy diferente a nosotros. Podríamos compararlo con lo distinto que ven a veces el dolor un médico y un paciente. Acudes al doctor en agonía. Deseas una inyección o una píldora, algo que haga desaparecer el dolor, y lo quieres *ahora*. Pero tu sabio doctor conoce que tu dolor es signo de un problema más profundo. Prescribe más dolor aun: cirugía y fisioterapia.

Es tu elección: Puedes exigir alivio inmediato, sabiendo que tu problema físico será recurrente. O puedes pasar «a través» del proceso de curación de una vez y para siempre. Es la misma clase de elección que enfrentas cuando estás lidiando con los problemas y crisis de la vida. Dios te ama plenamente y desea lo mejor para ti. Pero al igual que tu médico, *él está más preocupado por tu salud y bienestar a largo plazo que por tu alivio inmediato.*

Por esto leemos en la Biblia: «Hermanos

míos, considérense muy dichosos cuando tengan que enfrentarse con diversas pruebas, pues ya saben que la prueba de su fe produce constancia» (Santiago 1:2-3). El camino de Dios no es hacia *fuera* de los problemas sino *a través* de ellos. Así es como aprendemos de las dificultades y hallamos el camino de Dios.

De modo que en lugar de buscar una salida *fuera* de tus problemas, deberías considerar otros dos lugares por los cuales irás *a través* de ellos: hacia *arriba* y hacia *tu interior*.

DOS MANERAS DE VERLO

La primera dirección en la cual mirar con el objetivo de encontrar el camino de Dios a través de tus problemas es hacia arriba. Debes volver los ojos de tu corazón hacia Dios, su Palabra y sus caminos. No necesitarás ver muy lejos, porque él te está esperando justo más allá de tu propia capacidad para resolver tu dificultad. Tal como un niño perdido que está llorando ante su padre, llora ante aquel que conoce la solución a tu problema, las lecciones que deben ser aprendidas y el camino que te conduce fuera de ahí.

Tenemos una tendencia a apostar sobre seguro. Nos hace sentir un poco incómodos confiar en un Dios imprevisible. No obstante, Dios conoce que nuestro enfoque «seguro» a los problemas reseca el alma. Él nos insta a mirar hacia arriba a todas sus oportunidades y recursos. Es como una tormenta cayendo sobre un curso de agua estancado que ha sido obstruido con escombros. A medida que el torrente desborda el canal, los escombros se separan y el flujo vuelve a correr.

La segunda dirección donde mirar en tiempos de preocupaciones es *hacia el interior*. Una vez que has mirado hacia arriba a Dios, él te llevará en un viaje dentro de ti mismo a fin de enseñarte valiosas lecciones. Encenderá un farol de verdad en los recovecos de tu corazón, iluminando actitudes, viejas cicatrices, nuevas heridas, debilidades y perspectivas que necesitan ser sometidas a su toque.

ACEPTA EL DOLOR COMO ALGO NORMAL

Los problemas son también un regalo por el hecho de que nos ayudan a *normalizar* el dolor, es decir, a considerarlo como una parte normal de la vida. Cuando nos hallamos en medio de una prueba, ya se trate de algo menor o una pérdida catastrófica, protestamos, negamos o argumentamos que estas cosas no deberían haber ocurrido. Pero nada de eso altera la realidad del dolor al que estamos expuestos. Y cuanto más nos envalentonamos, más duro se hace el aprendizaje de la primera lección del problema: Debe ser aceptado como una parte normal de la vida.

Debes renunciar a tus protestas contra el dolor y los problemas y llegar a un lugar de aceptación. Solo entonces puedes aprender qué elecciones, sendas, lecciones y oportunidades tienes disponibles. Entonces aceptas el dolor como parte de la vida. Aceptas que siempre habrá problemas. Aceptas que no cuentas con todas las respuestas. Aceptas que algunos problemas seguirán siendo misterios hasta que estemos frente al Señor, cara a cara. La aceptación nos ayuda a vivir en la realidad divina, a cambiar y adaptarnos al modo en que las cosas verdaderamente son, y a confiar en Dios.

IDENTIFICACIÓN CON EL SUFRIMIENTO

Hay otra manera en que nuestros problemas son regalos. Nos ayudan a identificarnos con los sufrimientos del Señor. Dios no es alguien que se encoge ante los problemas, ni elude las dificultades que le causan. Si bien podría haber creado el mundo de manera diferente, ha elegido un camino que le trae sufrimiento. Y aunque le lastiman, él lidia con los problemas.

Desde Adán y Eva, la raza humana ha sido una dificultad para Dios. Solo desea amarnos y guiarnos, pero nos hemos alejado de él desde el comienzo de los tiempos. No desea destruirnos y volver a empezar porque nos ama. Sin embargo, cuando trata de acercarse más a nosotros, agitamos nuestros puños en su propia cara o intentamos ser Dios. De modo que él tiene este problema dado que nuestra respuesta a su amor no es lo que espera.

Dios tiene corazón. Siente profundamente, en especial con relación a nosotros, y nuestra rebeldía lo lastima. Cuando Israel se fue de su lado, él respondió: «¿Cómo podría yo entregarte, Efraín? ¿Cómo podría abandonarte, Israel? ¡Yo no podría entregarte como entregué a Admá! ¡Yo no podría abandonarte como a Zeboyín! Dentro de mí, el corazón me da vuelcos, y se me conmueven las entrañas» (Oseas 11:8). Cuando Jesús vio la insensibilidad de Jerusalén, ansió reunir él mismo al pueblo, pero ellos rechazaron su amor (véase Mateo 23:37).

La respuesta de Dios para el problema que tiene con nosotros es enfrentarlo y asumir la responsabilidad de hacer algo al respecto. Él no reprocha ni elude ni niega el problema. No obstante, sufre durante el proceso. Mientras nos redime, restaura, perdona, repara y sana, sufre por lo que le obligamos a atravesar. Cuando entendemos cómo Dios aborda los problemas de este modo, aprendemos a hermanarnos o solidarizarnos con su sufrimiento. A través de los siglos, personas espirituales han estudiado cómo el identificarnos con su dolor nos ayuda a acercarnos más a él, a ver la vida tal cuál es y a dar un enfoque correcto a las dificultades de la misma.

Por esto hay tanto que aprender a través de los problemas a medida que nos permitimos ir acercándonos al sufrimiento de Dios, y en especial al de Jesús: «Fijemos la mirada en Jesús, el iniciador y perfeccionador de nuestra fe, quien por el gozo que le esperaba, soportó la cruz» (Hebreos 12:2). Cuando nos identificamos con el sufrimiento de Dios, nos volvemos más profundos y maduros. Muchos dicen que hallar la salida a través de un problema casi no fue tan importante como lo que aprendieron acerca de sufrir como lo hace Dios.

No pidas que Dios te saque de tus problemas, ni tampoco te quedes tolerándolos. Recíbelos como regalos y hallarás el camino de Dios a través de ellos. Considera tus problemas como los próximos escalones para tu crecimiento.

El tiempo permite
que los ingredientes
sanadores de Dios
sean aplicados
a nuestra situación.

—∿∿—

Toma la vida tal
como se presenta

Yo (John) tengo una enfermedad en los huesos llamada osteopenia, que significa que mis huesos son demasiado porosos. La osteopenia, precursora de la bien conocida osteoporosis, puede dar lugar a fracturas con facilidad y a una sanidad lenta. Un par de años atrás me rompí la espalda en un accidente por la caída de un globo aerostático en Kenia, y mis doctores teorizaron que mi espalda no se hubiera quebrado de no haber sido por la osteopenia.

Desde mi diagnóstico, he pasado cierto tiempo investigando curas y tratamientos. Si fuese evitable, preferiría no envejecer con huesos quebradizos. Mi madre tiene osteoporosis, y no ha sido fácil para ella vivir con eso.

La buena noticia es que hay mucho por hacer para mejorar mi condición. Los expertos recomiendan suplementos dietéticos y ejercicios diarios para el fortalecimiento de los huesos. De modo que mi doctor me ha puesto en ese tratamiento. Todos los años me toman una radiografía a fin de determinar si mi condición mejora o no. Dado que los huesos cambian de manera lenta, es innecesario chequearlos más asiduamente. Así que debo esperar todo un año para saber cómo voy.

Vivir en la incertidumbre por un período tan largo ha requerido ciertos ajustes. Mientras escribo esto, faltan seis meses para mi próxima radiografía. Así que me mantengo con los ejercicios y suplementos, pero hasta dentro de seis meses no sabré si están funcionando. Me encantaría tener una opinión minuto a minuto, tal como quien está a dieta y se sube a la balanza cada día. Pero solo puedo saber si las cosas estén mejores al tomar finalmente la radiografía. Hasta entonces, espero.

La espera se hace difícil, pero he aprendido algo de ella. Mi condición me ha enseñado que no soy el amo de mi tiempo. Yo no puedo acelerarlo ni volverlo más lento. Estoy a merced del reloj y el calendario; de manera que debo dejar que el tiempo siga su camino.

UN ASUNTO DE TIEMPO

Nuestro séptimo principio para hallar el camino de Dios en nuestras vidas está en relación con lo que estoy aprendiendo a través de la osteopenia: *Cuando Dios nos traza un camino, suele tomar algún tiempo, de modo que debemos darle cierto tiempo a Dios para que haga su trabajo.* Si bien creo profundamente en que Dios opera milagros instantáneos, parece ser que su norma para guiarnos a través de las dificultades es dirigir un proceso que consume tiempo. Por consiguiente, para hallar el camino de Dios debes dejar transcurrir su proceso.

El tiempo representa un papel muy importante en el modo en que Dios hace un camino. *El tiempo permite que los ingredientes sanadores de Dios sean aplicados a nuestra situación.* Necesitamos tiempo para experimentar todos los caminos que Dios puede utilizar para producir cambios. Necesitamos una total y repetida exposición a su amor, verdad, gracia y ayuda. En general, no aprendemos las cosas en la primera vez que nos llegan. Y los corazones heridos necesitan tiempo adicional para implementar la ayuda que Dios les proporciona. Tal como los antibióticos combaten con efectividad una infección durante un cierto número de días, la sanidad de nuestras vidas puede tomar algún período de tiempo. De esta forma, el tiempo no es un azote sino una bendición.

LUCHAR CONTRA EL TIEMPO

Aun así, no resulta fácil esperar la solución de Dios. Tendemos a ponernos infantiles e impacientes cuando las cosas no suceden en el momento en que lo deseamos. Nos sentimos tironeados, desanimados, frustrados y hasta a veces listos para renunciar. Respondemos de distintas maneras. En una crisis dolorosa, algunas personas sienten una necesidad desesperada de alivio inmediato. Otras creen que Dios les proporcionará liberación instantánea si tienen suficiente fe. Algunos se sienten fuera de control cuando no pueden acelerar los hechos. E incluso hay quienes se ponen irreflexivos y no pueden tolerar ninguna frustración en el proceso de obtener lo que necesitan.

No obstante, aquellos que se someten a las restricciones del tiempo en general hallan mejores resultados que quienes protestan contra ellas o tratan de evadirlas. Quienes insisten en buscar atajos y reparaciones rápidas tienden a repetir los mismos problemas una y otra vez, sin llegar a ningún lugar. Pero si una meta es significativa, alcanzarla requerirá un tiempo. Salomón escribió: «Los planes bien pensados: ¡pura ganancia! Los planes apresurados: ¡puro fracaso!» (Proverbios 21:5).

Tan difícil como pueda ser esperar los procesos de Dios, puedes estar seguro de que él está trabajando detrás de escena incluso cuando no veas suceder nada aún. La siguiente parábola de Jesús ilustra este punto:

> *El reino de Dios se parece a quien esparce semilla en la tierra. Sin que éste sepa cómo, y ya sea que duerma o esté despierto, día y noche brota y crece la semilla. La tierra da fruto por sí sola; primero el tallo, luego la espiga, y después el grano lleno en la espiga. Tan pronto como el grano está maduro, se le mete la hoz, pues ha llegado el tiempo de la cosecha.* (MARCOS 4:26-29)

> **El tiempo es el contexto necesario para que nos involucremos en el proceso.**

De acuerdo con el relato, tenemos dos tareas mientras Dios nos abre un camino. En primer lugar, debemos sembrar cualquier semilla que él nos dé. En otras palabras, haz las cosas que él te señala en el momento; da esos pequeños pasos de fe. Segundo, espera con esperanza y paciencia que esas semillas broten y produzcan frutos. No apures el paso de Dios. Aun cuando hayamos hecho todo lo que podíamos, Dios sigue trabajando para producir algo bueno en nuestras vidas.

EL TIEMPO POR SÍ SOLO NO CURA

Un viejo dicho nos puede llevar a creer que «el tiempo cura todas las heridas». En el mejor de los casos, esto es cierto solo parcialmente. Es importante entender que el tiempo no es el factor primario cuando Dios hace un camino. Algunas personas creen que todo lo que necesitan hacer es ser pacientes y esperar a que Dios haga algo que ellos desean. Estas personas se ven atrapadas en un patrón de detenimiento. Esperan que Dios cambie las circunstancias, que aparezca otra persona o que sus sentimientos sean transformados, y se desilusionan cuando ese cambio no ocurre.

El tiempo no *causa* la cura; es simplemente el *contexto* para que los ingredientes sanadores de Dios interactúen con tu situación. Todos los demás elementos que emplea el Señor para hacer un camino siguen siendo necesarios. Tú no esperas que una pierna torcida se enderece. Consigues un soporte ortopédico, practicas los estiramientos y la fisioterapia, y aplicas calor y masaje. El tiempo por sí solo rara vez es suficiente.

El tiempo es el contexto necesario para que *nos involucremos en el proceso*. Me ayudó muchísimo comenzar a involucrarme en tareas, experiencias y relaciones al caminar el sendero de Dios para mí. Cuando tomas parte en cualquier cosa que Dios esté haciendo en tu vida, en cierto sentido, eres transpuesto fuera de las limitaciones del tiempo para experimentar algo de la eternidad que habita Dios. Cuanto más comprometido estés, menos sentirás la presión del tiempo.

Rodéate de todo el amor, la verdad, el apoyo, el consejo, la seguridad y la confiabilidad que necesites para hacer tu parte del proceso. El tiempo, junto con otros componentes sanadores, producirá resultados profundos y duraderos.

LAS ESTACIONES DE TU VIDA

Solemos categorizar el tiempo en estaciones. Al igual que en la naturaleza, en nuestras vidas existen diferentes estaciones. Salomón escribió: «Todo tiene su momento oportuno; hay un tiempo para todo lo que se hace bajo el cielo» (Eclesiastés 3:1). En el camino que Dios nos traza, podemos entender mejor su sincronización de los tiempos cuando comprendemos las estaciones de nuestras vidas e identificamos en cuál estamos ahora.

En orden de hallar el camino de Dios para ti, necesitas adaptarte a las épocas de crecimiento en tu vida y cooperar con ellas. Las cuatro estaciones mencionadas aquí están relacionadas a cualquier situación o contexto de esfuerzo y crecimiento que puedas estar experimentando.

Invierno. El tiempo frío y el suelo duro hacen parecer esta estación como muerta e infructuosa. Sin embargo, el invierno puede ser una temporada muy productiva. Es el tiempo de despejar el terreno de paja, cascotes y piedras que puedan entorpecer los futuros brotes. Es tiempo de reparar las cercas y las averías de las maquinarias. El invierno es la época de hacer planes y preparativos para las estaciones de crecimiento.

Podrías utilizar esta aparentemente muerta estación de tu vida para prepararte para el trabajo por venir. Por ejemplo, puedes emplear el tiempo en arreglar tus planes, organizar tus asuntos y fijarte metas. Ver dónde podrías encontrar los recursos que necesitas: como anotarte en un grupo de apoyo, localizar organizaciones y programas, y buscar consejeros psicológicos. El invierno te ayuda a descansar y a alistarte para el crecimiento.

PRIMAVERA. Es un tiempo de nuevos comienzos y esperanzas renovadas. Aras y aireas la tierra, agregas fertilizante y suplementos, plantas las semillas y riegas. A medida que el crecimiento comienza, cuidas los frágiles retoños que parecen aparecer por arte de magia. Mantienes los pájaros alejados del jardín, así como otras plagas que pueden arruinar la cosecha.

En la primavera de tu vida te ves involucrado en

los planes y compromisos que haces en el invierno. Puedes comenzar a estudiar sobre un área en la que necesites crecimiento o unirte a un grupo que ya esté trabajando en el tema. Y cuando veas cambios positivos despuntando del suelo, podrías necesitar protegerlos de la gente y las circunstancias que puedan querer intentar arrancarlos o pisotearlos.

VERANO. El crecimiento se hace visible en el verano cuando los campos están exuberantes de plantas saludables. Esta es una etapa de mantenimiento, donde cuidas que continúe lo que ha comenzado en primavera. Aún son necesarios los ingredientes para el crecimiento y los elementos de protección.

En el verano de tu crecimiento personal, debes ser diligente para continuar con lo que hay que hacer. No te adormezcas en la inactividad porque estén pasando cosas buenas. Mantente en lo programado hasta la plena cosecha. Sigue trabajando en lo que Dios te ha dado para hacer.

OTOÑO. En la época de la cosecha recolectas lo que has sembrado. Disfrutas de los beneficios de tu trabajo y pasas tiempo reuniendo y separando frutos para deleitarte hoy y almacenar para el invierno.

En el otoño del crecimiento personal, verás cambios positivos en tus emociones, conductas, relaciones, carrera u otras áreas en las que hayas estado trabajando. Estos cambios no son meramente cosméticos; son el producto de una transformación interna. Eres una persona nueva en esa área en particular. Es un tiempo de celebración y gratitud a Dios. También es tiempo de devolver algo de lo que has recibido en servicio a Dios y a los demás.

Casi saltaría el trabajo del invierno, la primavera y el verano, y disfrutaría todo el tiempo de la cosecha del otoño, ¿tú no? Queremos resultados inmediatos y nos descorazonamos fácilmente cuando tenemos que trabajar o esperar por ellos. Resulta difícil subordinarse a las tareas de la estación en la que estamos y esperar por el otoño. Pero si aprendes a adaptarte a las estaciones en lugar de luchar contra ellas, recogerás una espléndida cosecha a su debido tiempo.

Aprender

a conocer a Dios

y amarlo

con todo tu ser

es un viaje

de toda la vida.

—∿—

Ama a Dios con todo tu ser

Dios te ama de manera incondicional y desea abrir un camino para ti a través de tu difícil situación. Hallar su camino es también una cuestión de amor de parte tuya. *Nuestro octavo principio para hallar el camino de Dios es amarlo apasionadamente en cada área de tu vida, incluyendo tu dolor, tu miedo y tu desesperación.*

Dijo Jesús: «Ama al Señor tu Dios con todo tu corazón, con toda tu alma y con toda tu mente ... Éste es el primero y el más importante de los mandamientos» (Mateo 22:37-38). Amar a Dios es el mandamiento mayor porque abarca todas sus otras reglas para la vida. Si amamos a Dios, nos conectamos a él y lo seguimos como él ordena, apreciaremos lo que él valora y buscaremos hacer aquello que sea mejor para nosotros y honre a Dios.

Cuando estés en una mala situación y no sepas qué hacer, no te alejes de Dios. ¡Acércate! Ama a Dios en esa situación. Invítalo a entrar en tus sentimientos, pensamientos, acciones y reacciones. Sumérgete en su amor, y encontrarás su camino para ti. A continuación se enumeran algunas facetas importantes de tu vida en las cuales el amor a Dios debe tomar la delantera a fin de que halles su camino.

Valores. Nuestros valores determinan lo que es importante para nosotros y lo que no lo es. Amar a Dios en esta área significa encontrar nuestros valores en él. Lo que es importante para Dios debiera serlo para ti. Por ejemplo, Dios ama a alguien que te ha agraviado, aunque no apruebe su comportamiento. Adoptar los valores de Dios quiere decir aprender a amar también a esa persona, más allá del dolor que te haya causado. Si no amas a Dios con tus valores, tendrás dificultades para encontrar su camino en tu vida.

Pasiones. Estos profundos impulsos e instintos nos hacen sentir vivos. Cuando tus pasiones están motivadas por el ego y el pecado, pueden llevarte a grandes problemas. Fuera de control, las pasiones pueden derivar en adicciones al alcohol, las drogas, la pornografía, la comida, etc. Pero cuando las enfocas hacia Dios, pueden motivarte para hacer lo correcto. Permite que el amor a Dios alimente el fuego de tus pasiones.

Emociones. Dios te creó con una amplia gama de emociones, que pueden ser expresadas tanto positiva como negativamente. No importa la manera en que te sientas en tu situación —enojado, deprimido, ansioso, desesperado— pídele a Dios que inunde tu corazón con su amor de modo que puedas expresar estas emociones de un modo saludable.

Dolor. Internamente, todos experimentamos heridas profundas en varias ocasiones. La gente nos falla, los sueños naufragan, las circunstancias se nos vuelven en contra. Dios abrirá un camino si le permites adentrarse en tus heridas. Puedes evitar traerlo a tu dolor, temiendo que pueda lastimarte más o que te culpe por este sufrimiento. Pero él entiende tu dolor y sanará esas heridas si tú se las entregas a él.

Amor por los demás. A veces amamos a alguien que es bueno para nosotros, y otras veces amamos a las personas erróneas o amamos por razones equivocadas. Cuando presentas ante Dios tu amor por los demás, él te guiará para que confíes e inviertas tu tiempo en la gente correcta.

Motivos. Nuestras elecciones y acciones en la vida son guiadas por nuestros motivos. Algunas veces nos vemos motivados a ser solícitos, responsables y libres. En otras, nuestros motivos nos inducen a ser autoprotectores, temerosos o egoístas. Expón tus motivos ante Dios para que él pueda transformarlos en motivaciones similares a las suyas.

Pecados. En la vida, todos hemos caído bajo y perdido el rumbo. Abrigamos pensamientos pecaminosos, expresamos palabras pecaminosas y efectuamos actos pecaminosos. Cuando llevas tus pecados ante Dios, él te perdona y sana sin reparos, proporcionándote un camino para trabajar a través de ellos y alcanzar la victoria y la libertad.

Talentos. Dios te creó con ciertas habilidades, fortalezas, dones y talentos para que puedas ayudar a otros a disfrutar de una vida mejor. Ama a Dios con todas tus capacidades. Cuando lo hagas, Dios te empleará para abrir un camino para otros.

Opiniones y preferencias. Como individuo único, tienes tu propia serie de gustos y aversiones, preferencias y opiniones. Te agrada cierto tipo de iglesia o estilo de adoración. Te sientes atraído hacia cierta clase de personas al elegir tus amigos. No temas presentar a Dios tus preferencias peculiares. Él trazará un camino para que tú las clasifiques y las utilices para mejorar la vida.

EL AMOR DE DIOS HACE UN CAMINO

Piensa en la relación más estimada, cercana y amorosa de tu vida. Puede ser que sea hoy tu cónyuge, tu prometido o prometida, tu padre o madre, un hijo o hija, o un amigo íntimo. O puede ser una relación del pasado: un amor perdido, una amistad que quedó atrás. ¿Qué caracterizaba esa relación en su mejor momento?

Probablemente, eran muy sinceros el uno con el otro a todo nivel. Conocían los secretos mejor guardados del otro, sus más oscuros miedos y sus deseos más profundos. Se arriesgaban a ser vulnerables entre ustedes. Se permitían necesitarse y depender mutuamente. Y esta relación te hacía sentir vivo. Estaban tan cerca que casi no podía distinguirse uno del otro.

Nuestras mejores, más puras y más reconfortantes relaciones humanas son solo una frágil representación de la relación íntima y amorosa que puedes disfrutar con Dios. Aprender a conocer a Dios y amarlo con todo tu ser es un viaje de toda la vida. Y cuanto más de ti le entregas, mejor puede Dios abrir un camino para ti a través de tus problemas. *Dios abrirá un camino para ti en la medida en que tú le abras a él un camino en tu corazón.*

De eso se trata amar a Dios. De decirle: «No se cumpla mi voluntad, sino la tuya» (Lucas 22:43b). Si te entregas a él de este modo, tendrá acceso a cada parte tuya que necesite su amor, gracia y sostén.

AMAR TU CAMINO HACIA LA INTEGRIDAD Y LA SANIDAD

Cuando amas a Dios con cada parte de tu ser, él trae unidad e integridad a tu vida. Al igual que una orquesta bien entrenada, todos los elementos que forman quién eres —cuerpo, alma, espíritu, mente, emociones, voluntad, personalidad— trabajan juntos para lograr una hermosa función. Evitas la desarmonía de amar a Dios con tu cabeza si tu corazón está frío y distante, o la de amarlo con tus emociones a la vez que efectúas elecciones erróneas. Desplegar por completo el amor de Dios en tu corazón te traerá unidad y permitirá que su amor fluya a través de cada parte de ti.

Su amor también cubre tu necesidad de sanidad. Los problemas, pruebas y dolores de la vida nos dejan heridos de manera emocional, relacional y espiritual. Si hay un momento en que necesitas que Dios abra un camino en tu vida, es cuando te hallas sufriendo. Pero Dios es sanador por naturaleza. Tiene la voluntad y los recursos para poner tu vida nuevamente en orden. Tal como el salmista lo escribe: «[El Señor] restaura a los abatidos y cubre con vendas sus heridas» (Salmo 147:3).

No obstante, debes llevar a Dios esas áreas de dolor, a fin de experimentar su amor y sanidad. Como dice la Biblia: «No tienen, porque no piden» (Santiago 4:2c). Cuando dejes entrar a Dios y su amor en tu dolor, él abrirá un camino para ti.

Todo en Dios es amor, y él desea que en nosotros todo sea amor también. Él abre caminos para aquellos que lo aman con todo lo que poseen. Cuanto más accesible a él te vuelves, más puedes crecer, ser sanado y hallar su camino. Cualquiera sea el problema que enfrentas en la vida, asegúrate de no estar escondiéndolo de Dios. Ámalo con tu corazón, alma, mente y fuerzas, y permite que su amor te haga libre.

Comienza tu viaje hoy

Te acercas al final de este libro, pero estás apenas al inicio de tu viaje para experimentar y explorar el camino que Dios está haciendo para ti. En los primeros capítulos intentamos, de por sí, llenar tu mochila con suministros y poner un mapa en tus manos. Ahora es tu turno de andar por el carril sobre tus propios pies. Mientras lo haces, te dejamos con tres palabras finales a modo de consejo. Tómalas como los tres elementos fundamentales de tu caminata: tus dos pies —el derecho y el izquierdo— y la senda ante ti.

CAMINA EN GRACIA

Tu primer paso en el viaje —así como los subsecuentes— es un paso hacia la gracia de Dios. Dicho de manera simple, la gracia es el *favor inmerecido* de Dios. «Favor» significa que Dios se da a ti; que está a tu lado. El Señor desea lo mejor para ti y se compromete a trabajar en ti, contigo y a través de ti para darte lo mejor de él. Dios te ama plenamente, y se entusiasma con tu viaje. Irá contigo a cada paso del camino. Será tu mayor motivador.

AUMENTA TU FE

Necesitas un par de piernas fuertes para completar una caminata extenuante... derecha, izquierda, derecha, izquierda, una después de la otra. De igual manera, en tu viaje con Dios, la fe es un proceso de dos pasos. Es a la vez una *actitud* y una *acción*. Crees en que Dios te ama, pero es necesario retribuirle con tu amor. Sabes que él te hablará, pero necesitas escuchar con atención. Tienes fe en que Dios te guiará y protegerá, pero se hace necesario seguirlo y ponerte bajo su cuidado. Cada vez que des un paso de *fe* en Dios, prosigue con un paso de acción.

DA CON LA SENDA

Ahora que tus pies han echado a andar, demos una última mirada a la senda por delante. Este es el camino que Dios está abriendo para ti. Puede ser extenuante en tiempos de prueba, pero está lleno de descubrimientos y maravillas. Y el destino al final de él bien vale la pena el esfuerzo.

Dios es tu cordial y animoso líder en esta intensa caminata, pero tú tienes algunas responsabilidades durante el viaje. He aquí diez recordatorios esenciales que te ayudarán a mantenerte en la senda e ir avanzando.

1. PONTE METAS. ¿Qué deseas que Dios haga por ti? Decídelo ahora y sé específico. Define tu meta tan clara y concisa como te sea posible de modo que puedas visualizarla, orar por ella y decidir una estrategia específica para alcanzarla.

2. REGISTRA EL PROGRESO. Pon tu meta por escrito y ubícala en algún lugar en el que puedas verla a menudo: sobre el refrigerador, en el espejo del baño, en tu agenda o planificador diario, junto a tu escritorio o espacio de trabajo, etc. Anota también cada idea significativa y cada paso hacia el objetivo.

3. REÚNE RECURSOS. Comienza a buscar gente, programas y organizaciones que puedan asistirte en

el viaje. Cuanto mejores sean tus recursos, más rápido podrás alcanzar tu meta.

4. **ADQUIERE INFORMACIÓN.** Edúcate en los temas que estás enfrentando. Existen estudios que demuestran que cuando los pacientes médicos son más conocedores de su condición, tienden a que les resulten mejores sus tratamientos. Ellos formulan preguntas profundas y a veces notan cosas que un médico puede pasar por alto. Conviértete en un experto en el área de tu lucha, tanto como te sea posible.

5. **IDENTIFICA LAS TAREAS.** Asígnate tareas específicas: patrones de pensamiento a ser adoptados, acciones a desarrollar, emociones que deban ser expresadas, hábitos que formar, etc. Recuerda: Este es un viaje paso a paso. Separa tus acciones en porciones manejables y encáralas de una en una.

6. **EVALÚA EL PROGRESO.** Revisa tu meta y avances a intervalos pautados. ¿Estás haciendo progresos? Si es así, ¿qué factores están contribuyendo? Si no es así, ¿por qué no? Expresa por escrito tu evaluación para referencia futura, y haz los ajustes necesarios a tu plan.

7. **EXPLORA TUS PREFERENCIAS.** Permítete adaptar tu plan y tus tareas a tus preferencias individua-

les. Es probable que tengas distintas opciones durante el viaje: consejeros psicológicos, programas, clases y organizaciones.

8. Mantente flexible. No grabes tu plan en piedra. Existe para servir a tu crecimiento. Si luego de un período de tiempo razonable no está dando frutos a tu vida, reconsidéralo y haz cambios. E incluso cuando esté funcionando, mantente alerta a las formas de mejorarlo.

9. Ora de manera constante. Cuando oras, no estás hablándole a una pared ni a ti mismo. Le hablas a Dios, y él te escucha y responde. La oración es un aliado genuino y poderoso en tu viaje. El poder no lo tienen tus oraciones; más bien Dios al otro lado de la línea es quien lo tiene, y puede hacer lo que no puedes tú. No des un paso sin consultarlo con Dios.

10. Establece tu paso. El camino de Dios para ti no es una carrera sino una travesía. Pocos cambios ocurren de la noche a la mañana, ni importa cuánto hayas orado o trabajado. Dale tiempo a Dios para el trabajo, y sé agradecido por cada pequeño cambio que veas.

Nos complace tu gran interés en permitir que Dios haga un camino para ti. Oramos para que el Dios en quien vivimos, nos movemos y existimos, te guíe y te sostenga a lo largo de tu viaje, hoy y siempre. Dios te bendiga.

Henry Cloud, Ph.D.
John Townsend, Ph.D.
Los Angeles, California

La oración es

un aliado

genuino y poderoso

en tu viaje.

Nos agradaría recibir noticias suyas.
Por favor, envíe sus comentarios sobre este libro
a la dirección que aparece a continuación.
Muchas gracias.

Editorial Vida
Vida@zondervan.com
www.editorialvida.com